Ingrid Moras

# Weihnachtsdeko mit Steckplatte & Draht

CREATIV COMPACT

CHRISTOPHORUS

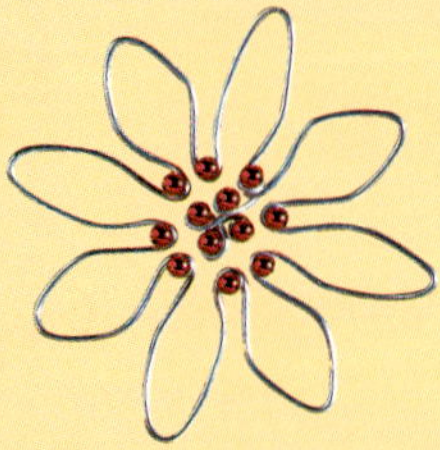

# Inhalt

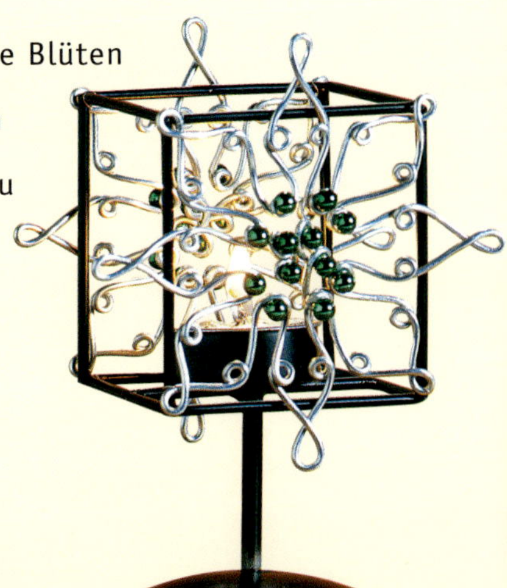

# Festliche Weihnacht

*Für alle, die gerne den festlichen Glanz von Drahtdekorationen in ihr Heim bringen und auf einfache Weise perfekt aussehenden Weihnachtsschmuck von ganz besonderer Art selbst anfertigen wollen, bietet dieses Buch die richtigen Anregungen.*

*Alle zauberhaften Sterne und Anhänger sind auf einer Lochplatte gearbeitet, in die nach der jeweiligen Vorlage Steckstifte gesteckt werden. Um diese Stifte wird der Draht herumgebogen und in Form gebracht. Dabei müssen Sie sich nicht auf Sterne, Schneeflocken, Tannenbäume oder Herzen beschränken. Auch Rentiere, Schafe, Schnee- und Weihnachtsmänner sowie edle Engel sind schnell und einfach zu formen.*

*Die Verwendungsmöglichkeiten der Drahtdekorationen scheinen nahezu unbegrenzt zu sein: Ob als festliche Teelichter, Klangspiele, kleine Vasen für weihnachtliche Blüten oder Karten – immer wird dieser filigrane Weihnachtsschmuck staunende Blicke auf sich ziehen und festliche Stimmung verbreiten.*

*Ich wünsche Ihnen viele interessante Bastelabende und eine wunderschöne Weihnachtszeit.*

Ingrid Moras

# Material & Technik

## Material

Aluminiumdraht mit dem Durchmesser von 2 mm kann leicht mit den Fingern bearbeitet werden und ist in verschiedenen Farbtönen, matt und glänzend, erhältlich. Den Aludraht mit Lackdraht (0,5 mm Ø) in verschiedenen Farben zusammenbinden oder mit einer Lackdraht-Spirale strukturieren. Metallic- oder Plexiglas-Perlen sowie Details aus Bastel-Alufolie mit feiner Struktur oder Glitter-Filz verschönern die Objekte. Leichte Elemente können mit Transparent-Nähfaden verbunden werden. Für die Aufhängung eignen sich stärkere Perlonfäden (0,25 mm Ø) oder zur Kordel gedrehter Lackdraht.

## Hilfsmittel

Alle Motive sind auf einer Steckplatte (11 x 11 cm oder 18 x 18 cm) geformt. In die Löcher der Steckplatte je nach Vorlage Stifte einstecken; der Draht wird um die Stifte herumgeführt. Zur Herstellung der Spiralen wird ein Twister oder eine Spiralenkurbel benötigt, die den gleichen Durchmesser wie der zu verkleidende Aludraht hat. Für ganz enge Windungen oder den ersten, engen Kreis eine kleine Rundzange (Rosenkranzzange) verwenden.

## Lackdraht-Spiralen

Der Aludraht (2 mm Ø) kann vor dem Biegen mit Spiralen aus Lackdraht verkleidet werden. Als Regel für die Länge der Spirale gilt: Verkleidungsspirale = etwa ein Viertel der Länge des Aludrahtes.

1 Den Lackdraht an der Querstange des Twisters (2 mm Ø) im Loch fixieren, über den Stab legen und mit dem Daumen und Zeigefinger festhalten. Die Spule hängt herab.

2 Die Querstange mit dem Zeigefinger der rechten Hand drehen, damit sich die Spirale um den Stab wickelt. Die Spirale abziehen und Drahtüberstände abschneiden.

3 Die Spirale über den Aludraht schieben und über die gesamte Länge dehnen. Dabei können die Windungen zum Teil auch eng beieinander bleiben.

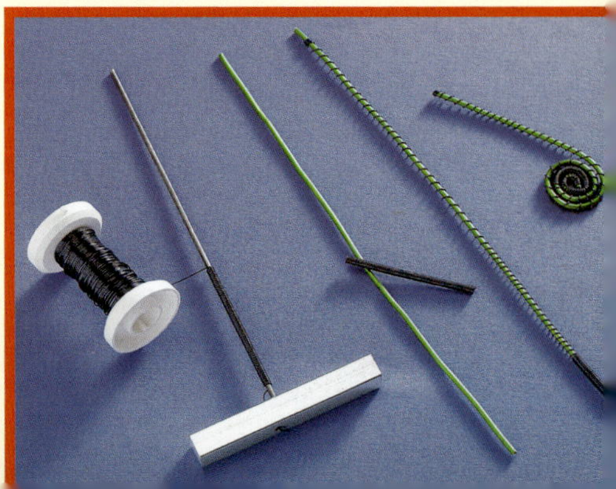

## Sterne & Co.

1 Die jeweilige Vorlage unter die Steckplatte schieben und die Steckstifte nach der Vorlage in die Löcher stecken.

2 Das Ende des Drahtes mit einer Rundzange zu einem Kreis formen und diesen über den ersten Stift schieben (siehe Stern in der Vorlage).

3 Den Aludraht gemäß der Vorlage um die Stifte führen oder die Platte so drehen, dass sich der Draht entsprechend um die Stifte legt. Den letzten Kreis des Sternes über den ersten Stift legen; den Drahtüberstand abschneiden.

4 Den ersten und letzten Kreis nach dem Abheben der Form deckungsgleich mit Lackdraht zusammenbinden.

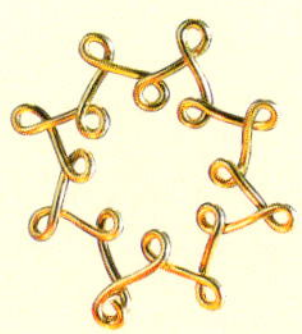

## Tipps & Tricks

- Damit die Motive möglichst flach werden, alle Windungen mit einem Holzrundstab (6 mm Ø) oder einem alten Filzstift fest auf die Platte niederdrücken.

- Wenn es mit den Fingern nicht gelingt, die Form von den Stiften abzuheben, das Motiv Stück für Stück mit einer Stricknadel anheben.

## Figuren

1 Die Steckstifte nach der Vorlage in die Platte stecken.

2 Beim Engel mit der Drahtmitte am Kopf beginnen und mit den Drahtenden nach der Vorlage die Form um die Stifte biegen.

3 Die Drahtenden zur flachen Spirale eindrehen. Dazu das Drahtende mit einer Rundzange festhalten und die Zange drehen. Nach eineinhalb Drehungen mit den Fingern weiterarbeiten.

# *Mobile in Grün*

## Material

- Aludraht in Grün, 2 mm Ø
- Metallic-Perlen in Grün, 3 mm Ø
- Lackdraht in Silber, 0,5 mm Ø
- Lackdraht in Grün, 0,5 mm Ø
- Klangstäbe in Grün, 9, 11, 13 cm
- Transparent-Nähfaden

## Zusätzlich

- kleine Steckplatte mit Steckstiften, 11 x 11 cm
- kleine Rundzange

**Vorlagen** A1 – A4

1 Die Steckstifte nach den Vorlagen in die Steckplatte stecken.

2 Das *Herz* mit 72 cm Aludraht arbeiten; dabei in der Drahtmitte beginnen. Die äußere Herzform mit den Fingern formen. Die beiden letzten Kreise mit der Zange zur Herzspitze biegen und deckungsgleich mit Lackdraht zusammenbinden.

3 Den *Stern* aus einem 1 m langen Aludraht fertigen. Den ersten und letzten Kreis deckungsgleich zusammenbinden; eventuell den Überschuss abschneiden.

4 Für den *Tannenbaum* wird ein 1,10 m langer Aludraht benötigt. An der Baumspitze mit der Mitte des Drahtes beginnen. Die Drahtenden mit der Zange und den Fingern zu flachen Spiralen eindrehen.

5 Die sieben Kreise für den *Bogen* aus einem 40 cm langen Aludraht in gerader Linie auf der Steckplatte formen, dabei den Draht jeweils nach dem dritten Kreis abheben und die letzte Schlinge über den ersten Stift legen. Mit den Fingern zum Bogen biegen.

6 Bogen, Anhänger und Klangstäbe mit Transparent-Nähfaden verbinden und dabei vereinzelt Perlen einknoten.

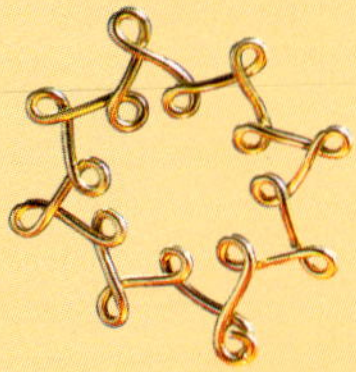

## Material

### *Tischlicht*
- Fiberglasbecher in Rot
- Aludraht in Gold, 2 mm Ø
- Prägefolie in Gold
- Engelshaar in Rot
- Goldperle, 6 mm Ø
- Messingdraht, 0,3 mm Ø
- Karton
- Silikon

### *Anhänger & Karte*
- Aludraht in Gold und Rot, 2 mm Ø
- Organza-Band in Rot, 5 cm
- Band in Rot, 5 mm
- Messingdraht, 0,3 mm Ø
- Doppelkarte in Chamois, A4
- Fotokarton in Dunkelrot
- Klebeband

## Zusätzlich
- kleine Steckplatte mit Steckstiften, 11 x 11 cm
- kleine Rundzange
- Prägestift oder Kugelschreiber
- Zeitung

**Vorlagen** B1 – B3

# *Edel in Rot-Gold*

Für das *Tischlicht* ein Ende eines 1,50 m langen Aludrahtes auf der Steckplatte zu einem Stern formen; die erste und letzte Biegung mit Messingdraht deckungsgleich zusammenbinden. Das andere Drahtende als Boden für den Becher zur Spirale drehen und das Mittelstück um den Becher herum nach oben biegen.
Als Bodenplatte je einen Stern aus Prägefolie und Karton schneiden. Mit einem Prägestift auf einer weichen Unterlage die Muster in die Folie prägen. Den Folienstern auf den Karton kleben.
Den Becher mit der Bodenspirale mit reichlich Silikon auf die Bodenplatte kleben und mit Engelshaar umgeben. Eine Goldperle mittig auf 6 cm Draht schieben; die Enden miteinander verdrehen und in das Engelshaar stecken.

Für das *Hängeband* zwei rote und zwei goldene Sterne aus je 45 cm Aludraht auf der Steckplatte arbeiten. Pro Farbe je ein schmales Band einziehen. Die Fassung aus Aludraht in Gold (60 cm) mit der Zange bzw. den Fingern formen; dazu am besten eine flache Spirale drehen und diese dann aufziehen. Die Bänder mit Draht einhängen.

Bei der *Karte* einen auf der Steckplatte gefertigten Stern auf ein schmales Band aufziehen. Die Enden zusammen mit einem Organzaband auf der Rückseite eines Rechteckes aus rotem Karton mit Klebeband fixieren. Das Rechteck auf die Karte kleben.

# Mond & Sterne

**Material**

- Aludraht in Silber, 2 mm Ø
- Aludraht in Gold, 2 mm Ø
- Lackdraht in Silber, 0,5 mm Ø
- Lackdraht in Gold, 0,5 mm Ø
- Reagenzglas, 15 mm Ø
- Bastel-Alufolie, feine Struktur, 0,1 mm
- Transparent-Nähfaden
- Nylonfaden, 0,25 mm Ø
- Kraftkleber

**Zusätzlich**

- große Steckplatte mit Steckstiften, 18 x 18 cm
- kleine Rundzange
- Twister, 2 mm Ø

**Vorlagen** C1, C2

## *Sternenkette*

*1* Pro Stern 80 cm Aludraht in Gold oder Silber mit einer Spirale aus Silber- oder Gold-Lackdraht (Twister: 2 mm Ø, ca. 20 cm lang) verkleiden (siehe Seite 4); an einem Ende die Windungen der Spirale eng beieinander lassen. Die Zacken des Sternes auf der Steckplatte biegen, dabei an einem Ende beginnen. Das andere Drahtende mit der Zange bzw. den Fingern zur flachen Spirale formen. Den kleinen Anfangskreis mit der Spirale zusammenbinden.

*2* Die Sterne mit Transparent-Nähfaden aneinander hängen. Eine Sternform zweifach aus Alufolie schneiden; beim Zusammenkleben die Aufhängung dazwischen fassen.

## *Hängevase*

*1* Die Haltung für das Reagenzglas aus 1,10 m Aludraht von oben nach unten auf der Steckplatte formen. Dabei den Draht vorher mit einer goldenen Lackdrahtspirale (Twister: 2 mm Ø, ca. 30 cm) verkleiden (siehe Seite 4). Die Drahtenden nach oben bzw. nach unten um das Reagenzglas wickeln und in kleinen flachen Spiralen enden lassen. Die Windungen um das Reagenzglas mit Lackdraht an einer Stelle fixieren.

*2* Den Mond und insgesamt vier Sterne aus Alufolie ausschneiden. Je zwei Sterne deckungsgleich aufeinander kleben und dabei den transparenten Aufhängefaden dazwischen fassen. Den Mond am Rahmen fixieren.

# Fenster-Schmuck

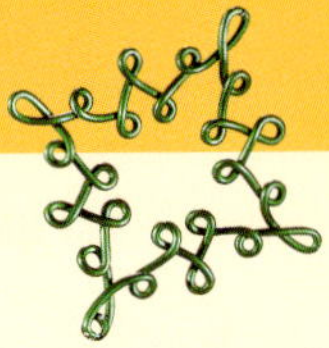

**Material**

- Aludraht in Grün, 2 mm Ø
- Lackdraht in Grün, 0,5 mm Ø
- 2 Tropfen aus Plexiglas in Grün, 40 x 10 mm
- Reagenzglas, 15 mm Ø
- Perlen in Metallic-Grün, 6 mm Ø
- Perlen in Silber, 2,5 mm Ø
- Wachsperlen in Maigrün, 4 mm Ø
- Silberdraht, 0,3 mm Ø
- Klangstäbe-Set in Grün-Silber, 9, 11, 13 cm
- Transparent-Nähfaden

**Zusätzlich**

- große Steckplatte mit Steckstiften, 18 x 18 cm
- kleine Rundzange

**Vorlagen** D1 – D3

## *Hängevase*

1 Stern und Tannenbaum aus 2 m Aludraht in einem Stück arbeiten; dabei mit der Mitte des Drahtes am Stern beginnen. Nach der Fertigung des Tannenbaumes die Drahtenden mit der Zange bzw. den Fingern zu flachen Spiralen eindrehen und den Draht mit den Spiralen um das Glas biegen. Durch die beiden letzten Kreise des Tannenbaumes einen Lackdraht einziehen, um das Reagenzglas führen und die Enden miteinander verdrehen (siehe Skizze).

2 Tropfen mit transparentem Faden anbinden. Als Aufhängung Lackdraht einhängen und verdrehen.

## *Klangspiel*

1 Separat einen Baum und einen Stern auf der Steckplatte arbeiten, mit transparentem Faden zusammenbinden und Klangstäbe anhängen.

2 Den Perlenstern mit Silberdraht (ca. 60 cm) in vier Arbeitsschritten (siehe Vorlage) arbeiten: Drei silberne Perlen in die Mitte des Drahtes schieben und beide Drahtenden durch eine 6-mm-Perle ziehen. Mit beiden Drahtenden den äußeren Ring nach der Vorlage fertig stellen. Beim zweiten Ring jeweils eine 6-mm-Perle aufnehmen und den Draht durch die 6-mm-Perle der ersten Runde ziehen. Die dritte und vierte Runde nach der Vorlage nach innen arbeiten.

# Silberne Bäume

**Material**

- Aludraht, 2 mm Ø
- Plexiglas-Kegel in Goldgelb, 26 x 21 mm
- Plexiglasperlen in Goldgelb, 8 mm Ø
- Lackdraht in Silber, 0,5 mm Ø
- Transparent-Nähfaden

**Zusätzlich**

- große Steckplatte mit Steckstiften, 18 x 18 cm
- Twister, 2 mm Ø
- kleine Rundzange

**Vorlagen** E1 – E4

Die Formen mit Aludraht (1 m, 1,70 m und 2,50 m) nach der jeweiligen Vorlage arbeiten. Dabei immer in der Mitte des Drahtes beginnen. Die Enden, falls nötig, kürzen und mit der Zange eindrehen. Die Endkreise mit Draht zusammenbinden. Plexiglasteile mit einem Faden in die Formen hängen. Mit dem Twister Spiralen mit vereinzelt aufgeschobenen Perlen drehen und diese als Ketten im großen Tannenbaum oder als Aufhängung fixieren.

# Lustige Figuren

***Abbildung & Materialangaben Seite 16/17***

Alle Motivteile auf der Steckplatte formen, dabei am Sternchen beginnen. Die Drahtenden mit der Zange eindrehen. Die Körperteile mit verdrehtem Lackdraht aneinander hängen.

Beim *Weihnachtsmann* den Kopf am Drahtanfang beginnen, den Körper mit der Drahtmitte. Die Brille aus Lackdraht biegen und 4-mm-Perlen als Augen aufziehen. Eine Filznase an der Brille anbinden. Einen zweifach ausgeschnittenen Filz-Bommel auf der Mützenspitze zusammenkleben. Den Bart am Gesicht fixieren.

Die *Schafe* in einem Stück arbeiten. Perlen als Augen aufkleben. Als Haare eine 10 cm lange Lackdraht-Spirale (2 mm Ø) etwas dehnen und um den Aludraht wickeln. Sterne aus Alufolie gegengleich auf den Drähten zusammenkleben.

Beim *Schneemann* den Körper mit der Drahtmitte beginnen. Für Augen und Mund Holzperlen auf Silberdraht aufziehen. Nase und Herz zweifach aus Alufolie arbeiten und auf den Drähten zusammenkleben. Klangstäbe anbinden.

# *Lustige Figuren*

**Material**

- Aludraht, 2 mm Ø
- Lackdraht in Silber, 0,5 mm Ø
- Bastel-Alufolie, feine Struktur, 0,1 mm
- Holzperlen in Schwarz, 4 mm Ø
- Klangstäbe in Silber, 2x 4 cm, 1x 6 cm
- Transparent-Nähfaden
- Silberdraht, 0,3 mm Ø
- Kraftkleber
- Glitterfilz in Weiß, Rot

**Zusätzlich**

- große Steckplatte mit Steckstiften, 18 x 18 cm
- Twister, 2 mm Ø
- kleine Rundzange

**Vorlagen** F1 – F3

*Anleitung Seite 14*

***Drahtlängen***

- Schafe: 60 cm
- Weihnachtsmann:
  - Kopf: 45 cm
  - Körper: 95 cm
- Schneemann:
  - Kopf: 40 cm
  - Körper: 80 cm

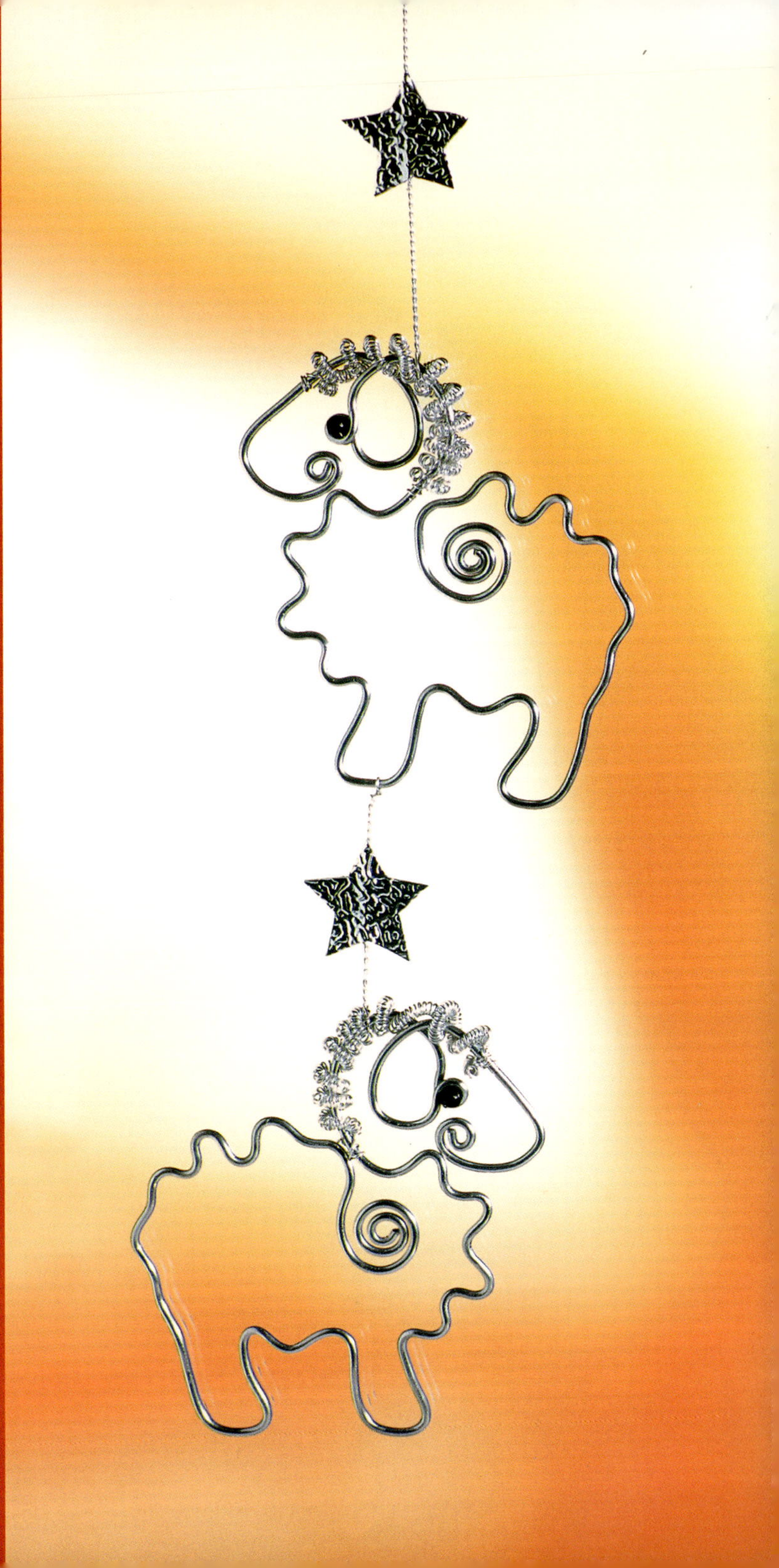

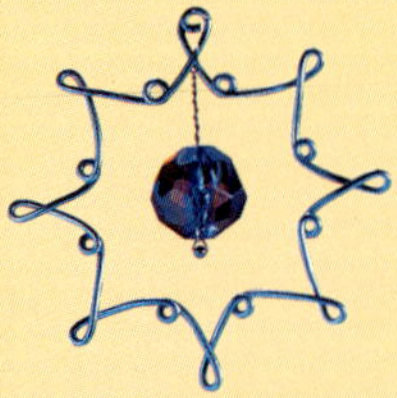

## Material

- Aludraht in Blau, 2 mm Ø
- Lackdraht in Blau, 0,5 mm Ø
- Metallic-Perlen in Blau, Gold, 6 mm Ø
- Metallic-Perlen in Gold, 2,5 mm Ø
- Metallic-Perlen in Blau, 3 mm Ø
- Plexiglas-Perle in Blau, 20 mm Ø
- Messingdraht, 0,3 mm Ø

## Zusätzlich

- große Steckplatte mit Steckstiften, 18 x 18 cm
- kleine Rundzange

**Vorlagen** G1, G2

# *Blaue Sterne*

*1* Den großen Stern mit 1,40 m Aludraht, den kleinen mit 55 cm Draht auf der Steckplatte arbeiten. Einen Lackdraht bis zur Mitte durch den ersten und letzten Kreis des Sternes ziehen und die Enden als Aufhängung zur Kordel verdrehen; einzelne Perlen aufschieben. Eine Plexiglasperle mit Lackdraht in den Stern hängen.

*2* Mit 60 cm Messingdraht die Perlensterne fertigen: Zunächst die Drahtmitte in einem Kreis des Sternes einhängen; anschließend auf beide Drahtenden eine Perle aufziehen. Mit getrennten Drahtenden die erste Runde des Sternes nach der Vorlage arbeiten. Bei der zweiten Runde jeweils beim großen Stern neun Perlen, beim kleinen Stern fünf Perlen aufnehmen und den Draht dann durch eine Perle der ersten Runde ziehen. Bei der dritten Runde jeweils eine 2,5-mm- bzw. 3-mm-Perle aufnehmen, dann den Draht durch die 6-mm-Perle der zweiten Runde ziehen. Zum Schluss die Mitte mit einer 6-mm-Perle arbeiten.

# Rentiere im Wald

**Material**

- Aludraht in Silber, 2 mm Ø
- Metallic-Perlen in Blau, 6 mm Ø
- Klangstäbe in Silber, 9, 11, 13 cm
- Transparent-Nähfaden
- Lackdraht in Grün, Silber, 0,5 mm Ø
- Silberdraht, 0,3 mm Ø
- Bastel-Alufolie, feine Struktur, 0,1 mm
- Kraftkleber

**Zusätzlich**

- große Steckplatte mit Steckstiften, 18 x 18 cm
- Twister, 2 mm Ø
- kleine Rundzange

**Vorlagen** H1, H2

## *Rentiere*

*1* Den Kopf des Rentiers aus 70 cm, den Körper aus 40 cm Aludraht auf der Steckplatte formen. Jeweils mit der Drahtmitte (siehe Sternsymbol) beginnen. Die Enden der Drähte zuletzt mit der Zange eindrehen, zusammenbinden und, falls nötig, kürzen. Kopf und Körper mit Lackdraht verbinden.

*2* Zwei Perlen als Augen mit Silberdraht befestigen; Klangspiele mit Transparent-Nähfaden anbinden.

## *Baum*

*1* Für den Baum 1 m Aludraht mit einer Spirale aus grünem Lackdraht (Twister: 2 mm Ø) verkleiden (siehe Seite 4). Mit der Mitte des Drahtes an der Baumspitze beginnen und den Baum auf der Steckplatte formen. Die Enden mit der Zange zu flachen Spiralen eindrehen und diese mit Silberdraht zusammenhalten.

*2* Sterne zweifach aus Alufolie ausschneiden, zusammenkleben und den transparenten Aufhängefaden dazwischen fassen.

# *Zartes in Gold*

**Material**

- Glasspitzvase, 25 cm lang
- Glaskugel mit Öffnung, 10 cm Ø
- Aludraht in Gold, 2 mm Ø
- Lackdraht in Gold, 0,5 mm Ø
- Messingdraht, 0,3 mm Ø
- Metallic-Perlen in Rot, 3 mm Ø
- Rocailles in Schwarz, 2,5 mm Ø
- Goldperlen, 2,5 mm Ø
- Goldperlen, 6 mm Ø
- Klangstäbe-Set in Gold, 4, 5, 6 cm
- Transparent-Nähfaden

**Zusätzlich**

- kleine Steckplatte mit Steckstiften, 11 x 11 cm
- große Steckplatte mit Steckstiften, 18 x 18 cm
- Twister, 2 mm Ø
- kleine Rundzange

**Vorlagen** J1 – J4

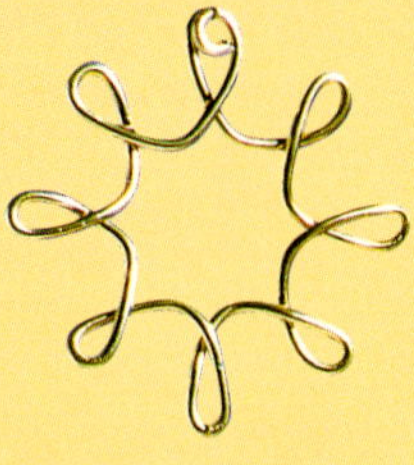

Den *Engel* mit 1 m Aludraht auf der Steckplatte formen. Dabei am Kopf mit der Drahtmitte beginnen. Die Enden mit der Zange bzw. den Fingern zu flachen Spiralen eindrehen, die Spiralen zusammenbinden. Kleine Spiralen aus Lackdraht (Twister: 2 mm Ø, etwa 3 cm lang) drehen und als Haare mit der Mitte um den „Kopf" wickeln.
Mit 40 cm Messingdraht nach der Vorlage eine Kerze aus Perlen arbeiten: Drei Perlen in die Mitte des Drahtes schieben; mit einem Drahtende die Perlen der zweiten Reihe aufnehmen und den anderen Draht entgegengesetzt durch die Perlen schieben. Jede weitere Reihe ebenso arbeiten. Zuletzt die Drahtenden miteinander verdrehen. Einen Messingdraht durch die dritte Reihe der Kerze schieben; die Enden an den Armen anbinden.

Für die *Spitzvase* 1,50 m Aludraht abschneiden. An einem Ende einen Stern auf der Steckplatte arbeiten. Den ersten und letzten Kreis mit Lackdraht zusammenbinden. Den Aludraht durch das Loch im Glas ziehen, anschließend um die Vase nach unten wickeln. Die letzten 35 cm Aludraht auf der Steckplatte zum Stern biegen. Für die Aufhängung je einen Lackdraht in den Löchern der Vase einziehen und verdrehen, dabei vereinzelt Perlen aufziehen.

Für die *Kugel* ein „Spiralendach" aus 80 cm Aludraht mit der Zange bzw. den Fingern formen. Sterne aus 35 cm Aludraht auf der Steckplatte arbeiten und mit Fäden anbinden. Vereinzelt Goldperlen einknoten. Als Aufhängung Lackdraht verdrehen.

# Für den Baum

## Material

### *Formen*

- Aludraht in Gold, 2 mm Ø
- Metallic-Perlen in Rot, 6 mm Ø
- Messingdraht, 0,3 mm Ø
- Plexiglas-Herz in Rot, 24 x 14 mm
- Plexiglas-Tropfen in Rot, 40 x 10 mm
- Transparent-Nähfaden
- Kraftkleber

### *Schneemann & Wichtel*

- Aludraht in Gold, 2 mm Ø
- Metallic-Perlen in Rot, 6 mm Ø
- Transparent-Nähfaden
- Wattekugeln, 30 mm Ø, 35 mm
- Holzkugel, 30 mm Ø
- Konturenfarbe in Schwarz
- Serviettenkleber
- Samtpuder in Weiß, Rot
- Glitter-Filz in Rot
- Acryl-Mattfarben in Schwarz, Weiß, Karmin
- Kraftkleber

## Zusätzlich

- große Steckplatte mit Steckstiften, 18 x 18 cm
- kleine Rundzange
- lange Nähnadel
- Twister, 2 mm Ø

**Vorlagen** K1 – K3

Die *flachen Formen* in gerader Linie auf der Steckplatte formen (siehe Vorlage). Das Herz mit 60 cm Aludraht zu 19 Kreisen, den Zapfen mit 40 cm Draht zu 13 Schlingen arbeiten. Dabei den zehnten Kreis wieder auf den ersten Stift setzen. Für die Kugel mit 30 cm Draht zehn Schlingen legen. Überstände abschneiden. Die Formen mit den Fingern biegen und mit Messingdraht zusammenbinden. Vereinzelt Perlen in die Kreise kleben; Plexiglas-Anhänger mit Nähfaden befestigen.

Für den *Schneemann* zwei Wattekugeln mit Serviettenkleber bestreichen und weißes Samtpuder aufstreuen. Für Wangen rotes Samtpuder verwenden. Das Gesicht mit schwarzer Konturenfarbe aufmalen, eine Nase aus Aludraht einkleben. Von einem 1,50 m langen Aludraht 60 cm für die Mütze zur flachen Spirale formen und diese auseinander ziehen. Die Körper-Spirale aus 60 cm Draht drehen. Die letzten 30 cm auf der Steckplatte zu zehn Kreisen formen (siehe K1), rund biegen und Perlen einkleben. Die Kugeln mit Nadel und Faden durchstechen und in die Drahtspiralen einziehen. Einen Perlenbommel anbinden (siehe Vorlage).

Für den *Wichtel* eine Holzkugel mit Acrylfarben bemalen und eine Perlennase fixieren. Einen Filzkegel aus einem Halbkreis kleben. Von einem 1,80 m langen Aludraht 75 cm für die Mütze verwenden. Das Mützen-Ende mit dem Twister zur engen Spirale eindrehen, mit dem Rest eine flache Spirale arbeiten und aufziehen. Mit 75 cm Draht die Körper-Spirale drehen. Die letzten 30 cm auf der Steckplatte zu zehn Kreisen formen; den ersten und letzten Kreis mit Messingdraht zusammenbinden und Perlen aufkleben. Filzgewand und Kopf in den Draht-Spiralen mit Transparent-Nähfaden festbinden (siehe Vorlage).

# Weihnachtliche Blüten

## Material

### *Baum-Anhänger*

- Aludraht in Rot, 2 mm Ø
- Metallic-Perlen in Grün, 6 mm Ø
- Sechseckgeflecht in Grün, 10 cm breit
- Lackdraht in Rot, 0,5 mm Ø
- Kraftkleber

### *Blüte am Band*

- Aludraht, 2 mm Ø
- Metallic-Perlen in Rot, 6 mm Ø
- Lackdraht in Silber, 0,5 mm Ø
- Organza-Band in Rot, 5 cm
- Kraftkleber

### *Tischlicht*

- Metall-Laterne, 8,5 x 8,5 cm, 14 cm hoch
- Aludraht, 2 mm Ø
- Metallic-Perlen in Grün, 6 mm Ø
- Lackdraht in Silber, 0,5 mm Ø

### Zusätzlich

- große Steckplatte mit Steckstiften, 18 x 18 cm
- Twister, 2 mm Ø

**Vorlagen** L1, L2

Die Blüte für den *Baum-Anhänger* mit 1 m Aludraht auf der Steckplatte formen; dabei beim Stern in der Vorlage beginnen. Den letzten und ersten Kreis deckungsgleich mit Lackdraht zusammenbinden. Perlen in die Kreise einkleben. Den „Baum" aus acht Sechseckreihen vom Drahtgeflecht arbeiten, dabei die verdrehten Endstücke mit der Zange zum Kreis biegen. Die Sechsecke an einem Ende zusammenschieben und die Kreise zusammenbinden. Die Blüte festbinden. Eine Aufhängung aus rotem Lackdraht drehen (Twister: 2 mm Ø), dabei grüne Perlen aufschieben.

Für das *Blüten-Band* aus je 20 cm Aludraht mit der Zange eine Halterung formen und das Band aufkleben. Eine Blüte arbeiten (siehe oben). Eine silberne Lackdraht-Spirale mit dem Twister fertigen. Dabei vereinzelt Perlen aufziehen. Die Spirale als Aufhängung befestigen.

Für das *Tischlicht* zwei Blüten (siehe oben) aus je 1,30 m Aludraht formen und jeweils an den Ecken des Tischlichtes festbinden.

# Festliches Blau

**Abbildung & Materialangaben Seite 30/31**

Für die *Hänge-Schale* zwei Sterne (siehe Seite 28) über einer Dessert-Schale rund formen. An jedem zweiten Zacken einen Lackdraht (1,20 m) mittig einhängen und zur Kordel verdrehen. Je eine Goldperle aufziehen. Nach 10 cm den zweiten Stern befestigen; dazu den Draht dreimal um den Zacken wickeln. Die Kordel locker mit dem Twister aufwickeln und einzelne Perlen aufschieben. Die drei Kordeln miteinander verdrehen und zur Schlaufe formen.

# Schneeflocken

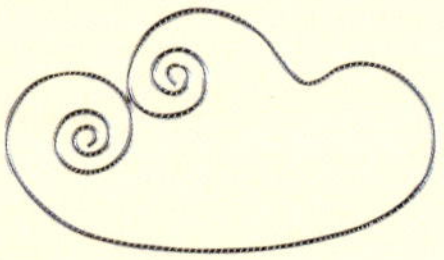

## Material

- Aludraht, 2 mm Ø
- Aludraht, 3 mm Ø
- Lackdraht in Silber, 0,5 mm Ø
- Acryl-Glaskugeln, 20 mm Ø
- Transparent-Nähfaden
- Nylonfaden, 0,25 mm Ø

## Zusätzlich

- kleine Steckplatte mit Steckstiften, 11 x 11 cm
- kleine Rundzange
- Twister, 2 mm Ø, 3 mm Ø

**Vorlagen** M1 – M5

*1* Für die Wolke 90 cm Aludraht (3 mm Ø) mit einer 25 cm langen Spirale aus Lackdraht (Twister: 3 mm Ø) verkleiden (siehe Seite 4) und in Form biegen. Die zwei Spiralen mit Draht zusammenbinden.

*2* Den Draht (2 mm Ø) für die Schneeflocken mit einer Spirale aus Lackdraht (Twister: 2 mm Ø) verkleiden. Den ersten Kreis mit der Zange biegen, dann zwei Zacken über den Stiften der Steckplatte formen. Beim letzten Stift den Draht deutlich herumknicken. Die Zacken abheben, den letzten Knick wieder am Anfangsstift anlegen (siehe Pfeil) und zweimal zwei weitere Zacken arbeiten. Das Drahtende zum Kreis biegen. Überschüsse abschneiden. Den ersten und letzten Kreis mit Draht zusammenhalten.

*3* Die sechs Drahtzacken so hinbiegen, dass eine gleichmäßige Schneeflocke entsteht. Mit Transparent-Nähfaden Wolke, Schneeflocken und Kugeln verbinden.

# Festliches Blau

***Abbildung & Materialangaben Seiten 30/31***

Für den *Stern* 1,80 m Aludraht mit einer 40 cm langen Spirale (Twister: 2 mm Ø) aus Lackdraht verkleiden (siehe Seite 4). An einem Drahtende 10 cm der Spirale eng beieinander lassen, den Rest dehnen. 30 cm dieses Endes zur flachen Spirale drehen, dann zwei Zacken auf der Steckplatte arbeiten. Die Zacken abheben, den Knick vorne wieder einhängen und nochmals zweimal zwei Zacken arbeiten. Zuletzt einen Kreis (siehe gepunktete Linie) biegen. Die Zacken gleichmäßig um die Spirale anordnen und mit Lackdraht zusammenbinden. Zwischen den Zacken je eine Goldperle anbinden. Den Stern mit transparentem Faden aufhängen, dabei einzelne Goldperlen einknoten.

# *Festliches Blau*

## Material

- Aludraht in Blau, 2 mm Ø
- Lackdraht in Blau, 0,5 mm Ø
- Goldperlen, 6 mm Ø
- Transparent-Nähfaden

## Zusätzlich

- kleine Steckplatte mit Steckstiften, 11 x 11 cm
- Twister, 2 mm Ø
- kleine Rundzange
- runde Dessert-Schale

## Vorlage N

Anleitung Stern
Seite 28

Anleitung Hänge-Schale
Seite 26

# Impressum


ISBN 3-419-56530-5



**Lektorat:**
Irmgard Böhler, Wiesbaden

**Styling und Fotos:**
Roland Krieg, Waldkirch

**Layoutentwurf:**
Network!, München

**Gesamtproduktion:**
art und weise, Merzhausen

**Druck:**
Freiburger Graphische Betriebe

Wir sind für Sie da, wenn Sie Fragen haben.
Und wir interessieren uns für Ihre eigenen Ideen und Anregungen.
Schreiben Sie uns, wir hören gern von Ihnen!
Ihr Christophorus-Team

Christophorus-Verlag GmbH
Hermann-Herder-Str. 4
79104 Freiburg
Tel.: 0761/2717-0
Fax: 0761/2717-352
e-mail:
info@christophorus-verlag.de
www.christophorus-verlag.de

## Weitere Titel aus dieser Reihe

3-419-56281-0

3-419-56415-5

3-419-56416-3

3-419-56411-2

3-419-56406-6

3-419-56407-4